In 27. 1871/4.

ÉLOGE FUNÈBRE

DE FEU

Mr. M.-L. SCHVABE,

PRÉSIDENT DU CONSISTOIRE ISRAÉLITE,

MEMBRE DU CONSEIL MUNICIPAL DE METZ, ETC.,

prononcé

DANS LA SYNAGOGUE CONSISTORIALE DE METZ,

Le 6 juillet 1837,

PAR

L. WOGUE,

ÉLÈVE DE L'ÉCOLE CENTRALE RABBINIQUE DE FRANCE,
ÉTABLIE A

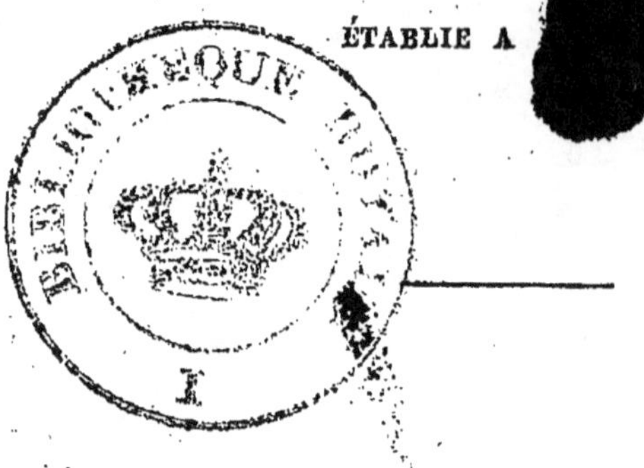

Metz,

IMPRIMERIE DE P. WITTERSHEIM.

—

1837.

ÉLOGE FUNÈBRE,

DE FEU

Mr. M.-L. Schvabe,

PRÉSIDENT DU CONSISTOIRE ISRAÉLITE

DE METZ.

———

נודו לו כל סביביו וכל יד׳עי שמו,
אמרו איכה נשבר מטה עז מקל
תפארה:
(ירמי׳ מ״ח י״ז)

« Pleurez-le, vous tous ses amis, vous
» tous qui avez connu son nom; et
» dites: — Comment s'est brisée cette
» verge puissante, cette colonne de
» gloire!

JÉRÉM. 48. 17.

———

MES FRÈRES,

Lorsque, par un de ces coups que Dieu semble frapper
dans sa colère, un homme de bien, un homme utile,
un homme investi de l'amour et de la vénération de ses
frères est enlevé subitement à cette vénération, à cet
amour ; lorsque la victime désignée par le doigt de Dieu
est un de ces hommes de vertu et de dévoûment, qui

ont vécu d'une vie d'abnégations, qui ont eu des pleurs pour toutes les misères et des consolations pour toutes les infortunes ; un de ces hommes qui ont fait le bien pour le bien, et dont la charité fut sublime parce qu'elle fut sans faste, — quand la catastrophe est consommée, une immense exclamation de douleur annonce que le juste a cessé de vivre. Alors toutes les âmes se remplissent d'a-mertume, et tous les visages se voilent de douleur ; alors le malheureux ploie et s'affaisse sous le coup qui l'a frappé ; le vieillard qui se sentait rajeunir, sent les rides creuser de nouveau son front ; l'infirme déjà récréé retombe dé-faillant dans sa langueur ; l'indigent voit renaître sa dé-tresse, et recommence à maudire son jour. Tous, les yeux baissés, les mains pendantes, le cœur saignant, suivent à sa dernière demeure ce cadavre inerte, vaine ombre de la belle âme qui vient de quitter la terre. Alors, de-vant cette fosse béante qui va le dévorer, les parens, les amis, interprètes de la douleur commune, adressent un dernier regret, envoient un dernier adieu à ces restes chéris. Point de panégyrique, point de froide et sèche narration : rien que des larmes et des cris et de brûlans soupirs, et puis un appel de deuil à cette foule qui pleure :

נודו לו כל סביביו וכל ידעי שמו, אמרו איכה נשבר מטה עז
מקל תפארה

« Gémissez, vous tous ses amis, vous tous qui avez connu
» son nom ; et dites : — Comment s'est brisée cette verge
» puissante, cette colonne de gloire ? »

Mais lorsque le temps, qui use tout, a commencé d'user cette douleur ; lorsque la première explosion s'est calmée ; lorsque ce bruyant désespoir s'est rassis, s'est dé-tendu par degrés, et a fait place à une tristesse profonde mais recueillie, — alors, dans le silence de la douleur, commencent à se remuer les souvenirs ; alors surgissent la pensée et la réflexion ; alors la vie de l'homme qui n'est plus apparaît toute entière, avec le cortége de ses vertus éminentes, de ses travaux utiles, de ses nombreux bienfaits. On se demande et on aime à redire ce qu'il fut et ce qu'il fit ; on voudrait assister à tous les détails de cette vie ou du moins à ses scènes principales ; on voudrait enfin énumérer tous ses titres à l'admiration ou à la vénération publique. Car l'homme aime à revenir sur ses sensations, sitôt qu'elles ont perdu leur exaltation première ; il veut analyser ses douleurs comme ses joies, et se rendre raison de ses sympathies comme de ses haines.

Mais à quoi bon toutes ces vagues généralités ? O mes frères, vous l'avez dejà reconnu, c'est notre histoire que je viens de tracer. Voilà bien de quelles douloureuses sensations nous fûmes assaillis, lorsque la mort du vertueux Schvabe vint jeter la consternation dans nos cœurs ; voilà bien les pleurs, et les cris, et les soupirs, qui accompagnèrent ses restes, et qu'un millier d'échos vivans répéta sur sa tombe ; voilà bien enfin ce morne abattement qui a succédé aux cris et aux lamentations, et cet indicible désir de parcourir, d'un coup-d'œil rapide mais complet, toute la chaîne de cette noble existence qui vient de se briser. Ecoutez bien, mes frères, et comprenez notre perte ; écoutez, et imitez ; suivez dans ses développemens cette carrière qui fut toute de bienfaisance, et puisez-y des leçons salutaires. — Mais auparavant, pénétrez-vous bien d'un fait qui servira de base à nos réflexions.

— 6 —

Si M. Schvabe, durant sa vie entière, s'est vu entouré du respect, des hommages et de l'affection de tous ; si sa mort a provoqué des regrets universels , des regrets dont vos visages portent encore l'empreinte ; si cette mort a jeté comme un crêpe de deuil sur notre cité, et en particulier sur la communauté israélite dont il a été si long-temps le patron, ce n'est pas parce qu'il fut un bon administrateur , ce n'est pas parce qu'il fut un bon citoyen, parce qu'il fut un homme sincèrement religieux ; c'est parce qu'il fut tout cela à la fois ; c'est parce qu'il offrit un rare assemblage de qualités supérieures , dont chacune , dans une sphère plus étroite, aurait suffi pour le distinguer. Tous l'ont pleuré, parce qu'il a été utile à tous. Cette mort, on l'a dit sur sa tombe, n'est pas un événement isolé , elle est une calamité publique. C'est là ce qui explique cet immense et touchant concours de toutes les classes , de toutes les fortunes, de toutes les religions , qui se sont pressées à son convoi ; cette affluence innombrable qui décernait à Schvabe mort l'hommage de reconnaissance ou d'admiration auquel Schvabe vivant s'était toujours dérobé ; toute cette foule désordonnée, dont le sombre silence valait mieux qu'une oraison funèbre, valait mieux que nos débiles paroles , et à laquelle nous aurions pu adresser cette douloureuse apostrophe qui nous sert de texte :

נדו לו כל סביביו וכל ידעי שמו, אמרו איכה נשבר מטה עז מקל תפארה

« Pleurez-le, vous tous ses amis, vous tous qui l'avez
» connu ; et dites : — Comment s'est brisée cette verge
» puissante, cette colonne de gloire ! »

Et maintenant, mes frères, que nos douleurs amorties

ont laissé surnager, au-dessus des regrets trop poignans, la résignation et les attendrissans souvenirs, qu'il me soit permis d'esquisser rapidement une vie et si belle et si pleine ; de promener vos souvenirs palpitans sur les principales circonstances de cette vie ; d'interroger ce long passé, si fécond en graves enseignemens ; enfin de parcourir les phases diverses d'une existence qui a été la réalisation constante d'une seule pensée : *être utile* ; l'exercice continuel d'une seule vertu : *faire le bien*. Que ne puis-je à mon gré dérouler ce tableau dans toute son imposante étendue ! Qu'il me serait doux de pouvoir marquer tous les pas de cette carrière ! Rien ne serait à omettre, rien à dédaigner, rien à cacher : pas une page à arracher de son histoire, pas un jour à rayer de sa vie. Mais, forcé par l'étendue même de mon sujet de me renfermer dans des limites étroites, je dois me borner à des aperçus généraux, à un narré simple et rapide.

La famille Schvabe figure avec honneur dans les fastes de la communauté israélite de Metz ; son titre de noblesse, c'est une perpétuelle tendance au bien, une philantropie toute d'expansion et de dévouement, et qui s'est transmise par voie d'hérédité au dernier descendant de cette famille, à l'homme que nous pleurons. Mayer-Louis Schvabe est né, en 1771, de parens dont la fortune approchait plus de la richesse que de la médiocrité. Son père et son aïeul se sont distingués par les services éminens qu'ils ont rendus à leurs coréligionnaires, et par les sacrifices de toute espèce que leur a dictés la charité la plus ardente unie aux sentimens religieux les plus purs. Abraham Schvabe, Judic Schvabe, sont des noms qui vivent encore dans toutes les vieilles mémoires messincs : noms glorieux, noms entourés, parmi nous, de cette auréole de vénération que l'humanité attache toujours au front de ses bienfaiteurs. M. Abraham Schvabe avait fait construire à ses frais l'école rabbinique de Metz, dont tout le matériel, tel qu'il existe aujourd'hui, est dû à ses soins généreux. M. Judic Schvabe, son fils, continua cette bonne œuvre, s'imposa les mêmes charges, renchérit encore sur la munificence de son père, et exerça la charité sur une plus large échelle. La charité, on le voit, est chez les Schvabe une vertu de famille.

Voilà à quelle école a été élevé l'homme que la mort vient de nous ravir. Si jamais heureux naturel fut secondé par une éducation judicieuse et sage, c'est surtout dans le jeune Schvabe que ces deux élémens de succès se trouvaient réunis. Conception nette et facile, intelligence précoce, avidité insatiable de savoir, persévérance et bonne volonté, voilà avec quel faisceau d'heureuses facultés Schvabe a débuté dans la carrière. Il apprit tout, théologie, littérature, sciences ; — car il sentait bien, dans sa jeune intelligence, que l'heure de l'émancipation allait bientôt sonner ; qu'à l'ère de l'égoïsme religieux allait succéder l'ère de l'unité nationale, et qu'il fallait bien être israélite, mais israélite français. Aussi, ses progrès dans des études jusqu'alors inaccoutumées parmi nous furent très-remarquables. Le célèbre Isaï-Berr Bing et le vénérable Ensheim, ses amis, mirent en commun avec lui leurs connaissances ; ils formèrent entr'eux une espèce d'enseignement mutuel où, tour à tour maîtres et élèves, ils faisaient échange de leurs talens, et exploitaient ainsi l'avoir de l'individu au profit de la masse. Noble commerce ! Sans doute Schvabe s'en rappelait l'efficacité, lorsque, trente ans plus tard, en 1818, il dotait la France de la première école mutuelle israélite qui s'y soit élevée, et faisait adopter cet ingénieux mode d'enseignement à tous ses coréligionnaires français.

M. Schvabe était très-jeune encore lorsqu'il perdit son père. L'estimable Judic mourut avec le regret de ne pouvoir achever une éducation si bien commencée, mais en léguant à son fils sa vie entière à méditer, une foule de bonnes œuvres à continuer ou à consolider, et les exemples vivans de la meilleure des mères. Mais Schvabe était de ces hommes qui savent s'élever eux-mêmes; ou plutôt un terrible maître, le malheur, se chargea de son éducation. Cet immense ouragan qu'on appelle la révolution, emporta dans son tourbillon la frêle fortune que la mort du père avait fait passer au fils. Il restait peu de bien à Schvabe, mais il lui restait la volonté, et la volonté est une puissance; il lui restait son intelligence active et sûre, et l'intelligence est un levier. Intelligence et volonté, vertu et persévérance; voilà tout ce qu'il lui a fallu pour soutenir l'honneur de son nom, pour conquérir une place distinguée dans les fastes de la philantropie, et pour fonder une réputation désormais impérissable. Voilà des biens qu'a respectés le vorace 93; qui ont survécu au naufrage de la première fortune, et qui ont servi à en édifier une seconde, plus durable et plus belle.

Jusqu'ici, mes chers frères, nous avons suivi M. Schvabe dans sa vie privée; jusqu'ici nous l'avons vu travaillant à son avenir, amassant en silence les matériaux qu'il devait exploiter plus tard. Ce n'a été qu'un homme de bien, mais pas encore un homme utile; ou du moins cette utilité, restreinte à des individus isolés, n'a eu encore rien de grandiose, rien d'universel. Maintenant va figurer l'homme public, l'homme social, l'homme nécessaire à tout et à tous, embrassant dans sa tendre sollicitude sa communauté entière, et étendant sa généreuse protection à tous les malheureux. — Le premier acte qui signale sa vie populaire, ce sont les efforts que, jeune encore, il tente en faveur de l'émancipation politique des Juifs. Depuis long-temps Schvabe avait entrevu à l'horizon l'aube matinale qui commençait à luire, aube encore pâle, il est vrai, mais déjà chaude et vivifiante. Le premier, il avait salué avec enthousiasme l'époque bénie où, pour le Juif esclave, la France libre et heureuse avait proclamé la liberté et le bonheur. Mais, le premier aussi, il avait senti que ce n'était là qu'une première impulsion, qu'un branle donné aux esprits, et que c'était pour les Israélites un devoir impérieux de justifier cette tendance, de se rendre dignes de cette sympathie, en se mettant au niveau de leur siècle, en dépouillant les gothiques préjugés qui établissaient, entre des citoyens faits pour s'estimer, une infranchissable ligne de démarcation. Fort de sa conviction et supérieur aux considérations vulgaires, Schvabe se mit à l'œuvre avec une merveilleuse ardeur. Sans vouloir saper le passé, il résolut d'asseoir l'avenir sur des bases rationnelles et solides. Il préconisa partout les avantages de l'instruction nationale ; il plaida avec énergie la cause du progrès, et démontra aux esprits arriérés que les principes de la religion la plus stricte et la plus rigide ne sont pas incompatibles avec des idées de sage réforme ; qu'il est beau d'apprendre la Bible et le Talmud, plus beau encore d'en pratiquer les préceptes, mais que la Bible et le Talmud ne défendent pas de donner à ses enfans une saine instruction. — Toutefois, ses efforts ne furent pas immédiatement récompensés du succès. Le souvenir des temps d'oppression était trop saignant encore ; les chairs étaient encore trop meurtries par les fers de la servitude ; le faible oiseau, étonné de se voir libre dans l'espace, essayait ses ailes timides, mais n'osait encore planer dans les airs. Quelques années plus tard, M. Schvabe eut le bonheur de voir ses idées, ses plans mêmes, réalisés dans toute leur étendue. — Mais n'anticipons pas sur les évènemens.

Connu déjà par ses rares talens, par son esprit conciliant et progressif, par son sincère patriotisme, M. Schvabe fut nommé en 1807, avec trois autres citoyens distingués, pour faire partie de l'assemblée des députés israélites de l'empire. Il participa donc aux opérations de cette célèbre assemblée, convoquée par Napoléon pour commencer cette salutaire fusion, dont la génération actuelle éprouve les heureux effets. Il fut donc l'un des précurseurs de ce Grand-Sanhédrin qui a laissé des souvenirs si imposans, et qui, pour tout dire en un mot, est un beau monument d'un beau règne. Il fut encore un des créateurs de cette admirable organisation consistoriale, qui donne à la fois tant de fixité et tant de dignité au culte extérieur de la religion ; cette organisation à laquelle nous devons une division exacte des israélites français, division calquée sur celle de Sieyes, et, ce qui vaut mieux, une police ecclésiastique dirigée avec soin et vigilance ; la répression de tous les abus matériels ; le règne de l'ordre et de la décence dans la célébration des offices religieux.

On ne pouvait faire moins que d'accorder une place dans l'édifice à l'un de ceux qui en avaient posé les bases. M. Schvabe fut nommé, en 1809, membre du Consistoire israélite de sa ville natale. Quelle joie dut inonder son cœur, lorsqu'il se vit enfin dans une position qui lui permettait de faire plus que des vœux et plus que de vaines tentatives ! Le voilà enfin dans sa sphère ; le voilà directeur et administrateur de sa communauté : jusqu'ici il a voulu le bien, maintenant il peut le faire. — Schvabe ne fera pas défaut à sa noble mission.

Le voilà donc, l'infatigable ouvrier, travaillant, travaillant sans relâche à l'œuvre laborieuse qu'il s'est imposée. Le voilà, aidant les uns de sa parole, — parole suave et bonne et qui allait au cœur, — assistant les autres par ses démarches, par ses aumônes, par mille bienfaits que sa charité inépuisable savait varier sans cesse. Que d'infortunes par lui soulagées ! que de larmes essuyées ! que de plaies cicatrisées par le baume de sa pénétrante éloquence ! Et ils le savaient bien, les malheureux, qu'ils avaient en lui un tendre ami, un bienfaiteur chaleureux et dévoué ; ils le savaient bien qu'à l'heure de détresse ils n'avaient qu'à lever les yeux vers lui, comme jadis les Israélites vers le serpent d'airain, pour puiser de nouvelles forces et se reprendre à la vie. L'indigent, l'homme injustement condamné, les malheureux de toute espèce s'adressaient spontanément à lui : dans ce cœur tendre et aimant, il y avait place pour toutes les infortunes. Peines, démarches, que sa constitution physique lui rendait cependant très-pénibles, sacrifices souvent immenses en raison de sa fortune, rien n'était épargné, rien ne lui coûtait. Où il y avait du bien à faire, il sentait renaître en lui sa jeune ardeur ; sa charité le rendait fort ; il devenait le père de celui qui n'avait plus de père, il se faisait le guide de celui qui avait perdu son guide. Qui mieux que Schvabe eût pu s'appliquer ce panégyrique de Job (*):

אבחר דרכם ואשב ראש ואשכון כמלך בגדוד כאשר אבלים ינחם

« J'ai servi aux malheureux de guide et de patron ; » j'étais au milieu d'eux comme un Roi dans sa cour ; » j'étais pour eux le génie de la consolation. » Voilà ce que Schvabe eût pu dire, voilà du moins ce qu'il eût pu penser, et cependant cette parole n'a jamais été dans sa bouche, ni cette pensée dans son cœur. Car il n'était pas seulement vertueux, il était modeste, et c'est cette modestie qui mettait le sceau à sa vertu et qui lui donnait son plus grand mérite. Sa main gauche a toujours ignoré ce que donnait sa main droite. Combien de traits de bienfaisance, combien d'actions généreuses qui n'ont eu d'autres témoins que Dieu et sa conscience ! Combien d'autres que nous pourrions citer, que nous aimerions à citer, si nous ne craignions de soulever les voiles dont il a voulu s'entourer ; de faire palpiter ses cendres encore tièdes, en exhumant les pieux mystères que recèle sa tombe ! La charité, mes frères, a aussi sa pudeur. — Toutefois, de ce riche répertoire de belles actions, nous en extrairons une, une entre mille, un bienfait dont tout autre eût fait grand bruit, mais que le lendemain déjà notre philanthrope avait oublié. Ecoutez, mes frères, et connaissez l'âme de Schvabe.

Un homme que nous ne nommerons pas avait été réduit, soit par de mauvaises spéculations, soit par une

(*) 29, 25.

sorte de fatalité commerciale qui n'est que trop fréquente aujourd'hui, à manquer à des engagemens sacrés. Obligé de fuir sa patrie, cet homme laissait entre les mains de M. Schvabe, l'un de ses créanciers, une somme assez considérable, presque égale à la créance de ce dernier : M. Schvabe n'y toucha pas. Voulez-vous savoir pourquoi ? — C'est que cet argent était un dépôt d'honneur ; c'est que l'infortuné commerçant, dans des temps plus heureux, l'avait consacré à la dot de sa fille, et qu'il l'avait confié au bienfaisant, au fidèle, à l'intègre Schvabe. Que de tentations réunies ! M. Schvabe se voyait sollicité par les autres créanciers, qui avaient connaissance du dépôt ; il n'était lié par aucun serment, par aucun engagement, car sa loyauté connue avait seule servi de caution au marchand ; il n'y avait pas apparence que la dette fût jamais payée ; le débiteur n'aurait jamais l'audace de réclamer cet argent : Schvabe n'y toucha pas. Il lui conserva religieusement sa destination ; il ne voulut pas déposséder une pauvre fille de tout son avenir ; il ne voulut pas mettre en balance son propre intérêt avec l'amour d'un père. A un texte si éloquent, est-il besoin de commentaire ?

Voilà quel était Schvabe : une charité inépuisable dans son essence et abnégatrice dans ses bienfaits. La misère était pour lui le plus saint des droits, le plus respectable des priviléges ; et là où ses intérêts matériels se trouvaient froissés par l'exercice d'une bonne œuvre, là où il n'y avait pas seulement de la munificence, mais de la générosité à faire le bien, il se plaisait à se sacrifier ; il se plaisait à faire céder la nature au devoir ; à faire plier cette nature humaine, si faible et si rétrécie et si passionnée, sous l'impérieuse exigence de la justice, sous l'ascendant d'une conscience aussi rigide que délicate. Voilà comment Schvabe comprenait la bienfaisance; voilà pourquoi et dans quel sens nous avons dit qu'il faisait le bien pour le bien. Ajoutons, comme dernier trait au tableau, qu'il sut éviter le plus dangereux écueil de la bienfaisance; qu'il fit beaucoup d'heureux, et ne fit pas un jaloux.

Pourtant, si M. Schvabe, content d'exercer la bienfaisance sur des individus, ne l'avait jamais étendue à la masse; si cette soif du bien qui brûlait ses entrailles ne s'était épanchée que sur quelques malheureux, qu'en serait-il advenu? M. Schvabe aurait été un homme charitable, généreux, un homme à citer pour exemple, mais un homme enfin comme il est facile d'en trouver : ce n'aurait pas été l'homme de la religion, l'homme de la communauté. Qu'a-t-il donc fait pour se rendre si précieux et si indispensable à ses frères? Qu'a-t-il donc fait pour conquérir un ascendant si universel, pour s'élancer glorieux et puissant au sommet de l'échelle israélite? — Il s'est fait l'homme de tous; il s'est popularisé; il est devenu notre génie tutélaire. Désormais, assurer le bien-être de ses coréligionnaires, propager les lumières en Israel, rendre à la religion son premier éclat, voilà quelle va être son unique pensée, sa constante occupation pendant vingt-huit années d'administration consistoriale. Soit comme simple membre pendant seize ans, soit comme président durant les douze dernières années de sa belle carrière, il fit adopter un grand nombre de réformes, acquiescer à une multitude de sacrifices, ériger une quantité d'institutions utiles. En 1818, l'honorable avocat M. Oulif, alors jeune encore, et qui possédait toute l'estime et toute l'amitié de M. Schvabe, émet l'heureuse idée de faire présent à la France israélite d'une de ces ingénieuses écoles, création du chevalier Paulet, et dont des succès prodigieux justifiaient la vogue nouvelle. Schvabe, qui sympathise avec toutes les nobles inspirations, et qui a éprouvé lui-même les avantages de la méthode, applaudit avec transport à cette proposition. Il se met à l'œuvre, fait jouer tous les ressorts, éveille la sollicitude des autorités civiles, stimule l'insouciance de la masse arriérée, — et parvient enfin à ériger une école d'enseignement mutuel, une école admirablement organisée, le plus victorieux argument contre les préjugés, une véritable école-modèle. C'était le premier établissement israélite de cette nature, que la France voyait s'élever ! Honneur à la cité qui a compris tout ce qu'il y avait, dans cette œuvre, de grand et de national, et qui n'a pas fléchi devant des préventions absurdes ! Honneur surtout à l'homme qui a saisi cette idée avec enthousiasme, qui l'a poursuivie avec persévérance, et dont le vouloir a été assez fort pour qu'il pût accomplir à lui seul ce magnifique ouvrage ! C'est que Schvabe n'avait pas seulement une philanthropie instinctive et passagère ; c'est qu'il en avait aussi la ténacité, et ce n'est pas là son moindre éloge.

Mais l'école israélite n'est pas, mes frères, le seul monument qui s'honore d'un tel fondateur. La société d'encouragement des Arts et Métiers des Israélites de Metz, cette société qui a déjà opéré tant de bien et qui ne pouvait manquer d'en opérer, le compte parmi ses créateurs. Est-il besoin de dire qu'il a mille fois aidé les ouvriers de ses fonds, qu'il les a mille fois assistés dans les circonstances difficiles ; en un mot , qu'il n'a été avare envers eux ni d'encouragemens ni de secours pécuniaires ? En insistant sur de pareils faits , dans un pareil éloge , le narrateur ne pourrait que se répéter. — L'hospice israélite , cet établissement si éminemment charitable , et que l'ami de l'humanité malheureuse contemple avec tant d'attendrissement , doit en partie à M. Schvabe sa nouvelle organisation. — Enfin , mes frères , dans cette rapide et bien incomplète énumération de ses services publics , pourrais-je oublier cette école rabbinique à laquelle il a voué une si tendre et si constante sollicitude ? Nous , élèves de cet établissement , nous qu'il honorait de quelque estime et qu'il chérissait comme ses enfans , nous qui avons vu avec quelle ardeur il travaillait à notre bien-être , nous qui avons vu sa bouche paternelle sourire à nos efforts et encourager notre zèle , nous avons été à même de l'apprécier tout entier ; d'apprécier la haute portée de son intelligence et sa profonde capacité administrative , mais bien mieux encore la douce amabilité de son caractère , l'excellence de cœur du bon vieillard. Oh ! mes frères , vous le savez comme nous , et vous le savez depuis plus long-temps : en contemplant ce doux et riant visage , n'y voyait-on pas la tendresse , avec le sang , circuler dans chacune de ses veines ? La simplesse affectueuse , la bonhomie patriarcale ne s'empreignait-elle pas dans chaque ride de ce front , dans chaque regard de ces yeux , dans chaque mouvement de ces lèvres ? Qui sut mieux aimer que lui ? — Mais aussi, ajoutons-le avec bonheur , qui fut mieux aimé ?

Mais ce n'est pas seulement parmi ses frères en religion qu'il obtint cette affection qu'il méritait si bien ; ce ne

sont pas seulement ses coréligionnaires qui lui ont prou-
vé, par l'accord touchant de leurs bénédictions et de
leur amour, qu'ils avaient compris ses bienfaits et son
dévouement, et qu'ils en étaient dignes. Ce n'était là
en quelque sorte qu'une gloire de famille, gloire assez
belle sans doute, mais étroite et incomplète. Un homme
tel que M. Schvabe, qui, aux talens administratifs les
plus distingués, unissait le plus beau caractère, la pro-
bité la plus sévère, la philanthropie la plus pure et la
plus éclairée, ne pouvait manquer de fixer l'attention de
ses concitoyens. Une vie telle que celle-là n'était pas faite
pour mourir sans retentissement dans le sein d'une obs-
cure communauté, et Metz a des sympathies pour toutes
les vertus, comme des échos pour toutes les gloires.
Connu et honoré de toutes les notabilités de la ville,
ses nombreuses relations ne pouvaient manquer de lui
gagner l'estime universelle. Sa nomination à la chambre
de commerce de Metz a fait époque dans sa vie ; elle
a été un témoignage irrécusable de la haute opinion qu'il
avait su donner de son mérite. Il s'est constamment ap-
pliqué à justifier cette honorable distinction. Avec les
riches données de sa vieille expérience, il savait résoudre
les problèmes commerciaux les plus épineux, et traiter
avec lucidité les questions les plus compliquées. Il fit
toujours respecter les intérêts des négocians, car il avait
pour maxime que la loyauté est le nerf du commerce.
— Nommé plus tard membre du conseil municipal, c'est
avec une satisfaction bien douce qu'il dut recevoir cette
nouvelle et éclatante preuve de la considération qu'il avait
su s'acquérir. Dans sa carrière municipale encore, nous
le retrouvons le même : toujours la même activité pour le

bien public, toujours le même esprit de sage modération et d'impartiale équité, toujours enfin la même et merveilleuse aptitude à simplifier les affaires les plus scabreuses. Dans ce poste, aussi difficile qu'honorable, il a constamment suivi les inspirations de sa conscience : toutes ses opinions ont été nettement dessinées, et ses convictions manifestées avec une intrépide franchise. Ami de la paix et de l'union, toutes ses paroles furent dictées par un sincère attachement au pays, par un respect consciencieux pour les institutions nationales, et par l'amour d'une sage liberté, soumise à la suprématie de la loi. Enfin, dans toutes les questions relatives aux besoins de notre cité, dans toutes les questions d'intérêt public ou commercial, il s'est également signalé par la pureté de son civisme et par l'universalité de ses lumières.

Mais ce n'est pas seulement le commerce et la municipalité de Metz, qui ont su apprécier dignement M. Schvabe. Toute la magistrature, toutes les autorités de la ville se sont plu à lui témoigner l'estime que son noble caractère lui avait conciliée. Tous les préfets qui se sont succédé à Metz depuis l'existence des préfectures en France, ont eu avec lui les relations les plus flatteuses. Naguères encore, n'avons-nous pas entendu la voix éloquente et grave du premier magistrat de ce département, la voix de ce digne philanthrope, de ce juge éclairé du vrai mérite, déposer sur cette tombe encore ouverte les regrets de l'amitié, et saluer d'un dernier adieu les mânes du vieillard ?...

Voilà comme, entouré de la considération publique, de l'affection de sa famille, de la reconnaissance des malheureux, de l'admiration de tous, il a marché radieux au terme de sa carrière. Sa vie s'est continuée douce et paisible, signalée chaque jour par des bienfaits nouveaux, honorée chaque jour par une nouvelle distinction, jusqu'au dernier jour qui vient de clore si brusquement cette longue période de charité et de bonnes œuvres. Ah! sans doute, sur son lit de mort, malgré l'inertie répandue sur tous ses membres, son âme est restée vivace et intelligente; sans doute, en entendant les vœux supplians qui retentissaient autour de lui, et qui s'élevaient au ciel comme l'encens du sacrifice, il a dû éprouver un avant-goût suave des pures félicités dont il jouit maintenant avec plénitude.... Hélas! le sacrifice est consommé : l'encens a monté au ciel, mais l'hostie s'y est élevée avec lui. Et maintenant, devant ce corps si chétif mais si plein de souvenirs, une foule immense exhale sa douleur: toute cette foule pleure son père, son père qu'elle aimait et qu'elle a perdu; son père qui n'avait point de postérité, et qui s'est créé une postérité. Ces vœux que tout-à-l'heure elle formait pour la conservation de ses jours, elle les change à présent en larmes et en regrets : larmes stériles, regrets impuissans! et les mains jointes vers le ciel où désormais il repose, elle s'écrie: — « Comment s'est brisée cette verge puissante, cette colonne de gloire!»

Mes chers frères, voilà la bien imparfaite esquisse de cette vie honorable, de cette vie qui nous a appartenu à tous, et que tous nous avons appris à bénir. Hélas! que n'a-t-il été accordé à nos ardentes prières de la voir se continuer encore de longues années, pour le bonheur de la génération naissante, qui déjà l'entourait de ses jeunes hommages ! Faut-il que, dans un âge encore peu avancé, et avec une santé qui promettait d'heureux jours, une mort inopinée, une mort presque subite soit venue nous le ravir !.. Ainsi, mes chers frères, nous voilà dépossédés, coup sur coup, de nos amis les plus dévoués. Passerai-je en revue cette galerie déjà longue de patrons zélés et de chauds bienfaiteurs, que nous avons perdus dans ces dernières années? Ah ! ne reportons pas nos regards en arrière, de crainte de raviver des plaies encore palpitantes : contentons-nous de pleurer avec une profonde douleur le dernier et le meilleur de tous, l'incomparable Schvabe ; cet homme qui aura beaucoup de successeurs, mais bien peu de remplaçans. Messieurs, Schvabe a laissé au sein de son peuple, au sein de sa famille adoptive, plus que des regrets et plus que des souvenirs : il a laissé un vide immense et accablant ; un vide qui ne sera de sitôt rempli ; car, nous l'avons déjà observé, ce qui en faisait un homme précieux, c'est qu'il était un homme universel. Et pourtant, messieurs, il faut bien le proclamer : Schvabe n'est pas mort tout entier ! Vous le retrouverez dans ces innombrables monumens qui attestent que la tête d'un habile architecte et la main d'un laborieux ouvrier ont passé par là ; vous le retrouverez dans cette intéressante école mutuelle, où son nom vit dans tous les souvenirs et sonne dans toutes les bouches ; dans cet admirable hospice à l'organisation duquel il a si puissamment contribué ; dans cette société pour l'encouragement des arts et métiers, qu'il a assise sur une si large base, et qui a reçu de lui une si énergique impulsion. Vous le retrouverez, ce nom vénéré, dans l'enceinte de l'école rabbinique, qui doit surtout à lui sa position florissante et la bienveillante sympathie dont elle est l'objet........ Hélas, mes frères ! tout nous rappelle Schvabe, mais rien ne nous le rendra ! tous ces monumens immortels qu'il a semés autour de lui ; tous ces beaux établissemens qui lui doivent leur fondation, leur prospérité, leur gloire, — tout cela ne sert qu'à irriter nos douleurs et qu'à nous rappeler sa perte avec plus d'amertume. Que cette mort, du moins, soit pour nous un grand enseignement ; qu'elle nous fasse rentrer en nous-mêmes, et réfléchir sérieusement sur l'étendue et la gravité de nos devoirs ; afin qu'un nouvel Isaïe ne vienne pas nous lancer cette terrible parole (*): « Le juste meurt, et personne ne médite ! » Le juste est mort, mes frères ; il est mort chargé de soixante années de vertus et de bonnes œuvres. Il a fait tout le bien qu'il a pu faire ; tout ce que les forces d'un seul homme, avec une charité fervente et une volonté ferme, peuvent tenter et accomplir, il l'a tenté et accompli : mais la mesure des bonnes œuvres est - elle comblée ? mais la source de la charité est-elle tarie ? mais n'y a-t-il donc plus de larmes à sécher, de brèches à réparer, de plaies à guérir ? — Mes frères, tant qu'il y aura des hommes sur la terre il y aura des malheureux ; et tant qu'il y aura des malheureux il faut qu'il y ait des cœurs pour les plaindre, des bouches pour les consoler et des mains pour les secourir. Voilà dans quelle voie l'homme que nous pleurons a constamment marché : sa belle vie a été si féconde, sa mort le serait - elle moins ? Suivons donc, suivons avec persévérance les nobles exemples qu'il nous a légués ; complétons ses bienfaits, étendons - les,

(*) 57, 1.

faisons-les fructifier ; que chacun , dans sa sphère par-
ticulière , s'efforce d'imiter un si beau modèle, — et
le vieillard sera dignement pleuré ; et le plus magnifique hommage aura été rendu à sa mémoire ; et il
nous sera permis de redire l'exclamation du prophète (*):

אל תיראי אדמה גילי ושמחי כי הגדיל ה' לעשות ; אל תיראו
בהמות שדי כי דשאו נאות מדבר, כי עץ נשא פריו תאנה
וגפן נתנו חילם

« Ne crains plus, ô terre ! réjouis - toi et chante, car
» l'Eternel a opéré de grandes choses. — Animaux des
» champs, ne craignez plus , car l'arbre a porté son
» fruit, le figuier et la vigne ont donné leur tribut ,
» et une riche végétation a germé dans le désert. »

(*) Joël, 2, 21 , 22.

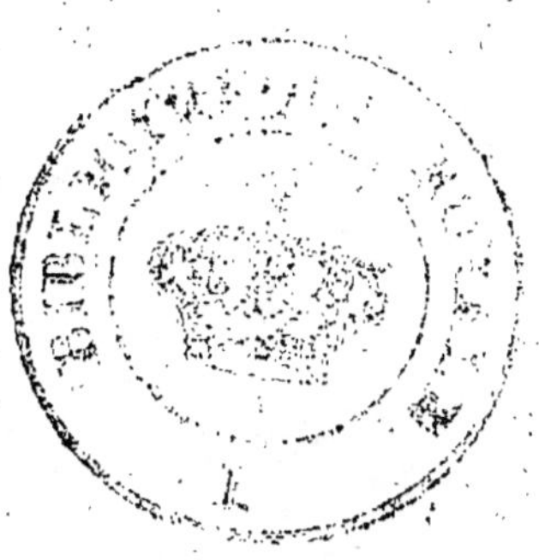